水屋でみる夢

料理人の茶懐石

青柳　小山裕久

淡交社

一期一會

ハレの極み

寿ぎの懐石

祝意をこめてつくる懐石は、茶の湯の正月といわれる十一月、また年明けの初釜・初点てと歳時記のなかで、たびたびあります。

華やかな乾山風の向付には柿なます、汁には小豆を入れて、祝意を込めます。

寿ぎの懐石

向付——柿なます
柿　大根
金時人参
器——乾山風皿

汁——合わせ味噌仕立
ごま豆腐　小豆
辛子
器——真塗利休型四つ椀

煮物——鶉進上　餅
車海老　柚子
紅葉人参
芽大根
器——独楽椀

焼物——真名鰹幽庵焼
柚子砂糖漬
器——染付扇面鉢
即全造

強肴——鯛お造り
器——信楽俎皿

強肴——このこ
海鼠
器——染付半扇

箸洗——松露

八寸——唐墨　銀杏
鴨ロース
器——木地

香物——蕪ぬか漬　高菜漬
沢庵
器——赤絵鉢

侘びの極み

名残の懐石

秋も深まる十月は、茶の湯では風炉で点前する最後の月。名残を惜しみつつ、茶の正月を迎える実りの月でもあります。

この月の料理には、風炉の季節にいただいたさまざまな食材も取り入れて、滋味深い味わいを楽しんでいただきます。

名残の懐石

向付――鯛昆布締め
山葵　水前寺のり
器――織部　つるし柿　筒向
汁――合わせ味噌仕立
小芋　青菜
辛子
器――千筋四つ椀
煮物――鱧　松茸
ほうれん草
黄すだち
器――稲穂蒔絵椀
焼物――甘鯛塩焼
器――信楽鉢

強肴――きのこの荏胡麻油和え
器――魚文染付鉢
強肴――松茸と菊菜の志多し
器――赤絵鉢
箸洗――松の実
八寸――鱚の風干し
むかご
器――萩蒔絵塗八寸
香物――胡瓜ぬか漬
酢茗荷　沢庵
器――青磁鉢

夢のフランス懐石

日本料理をフランスの地をたずねご紹介する機会が毎年のようにありました。そのたびにフランスと日本の食文化が共通していると感じることが多くありました。それは、両国には四季があるため、季節ごとの食材が豊かで、海の幸・山の幸が収獲されることが大きく影響していると思います。フランスを代表する食材で懐石を作ってみたいという思いをかたちにしました。

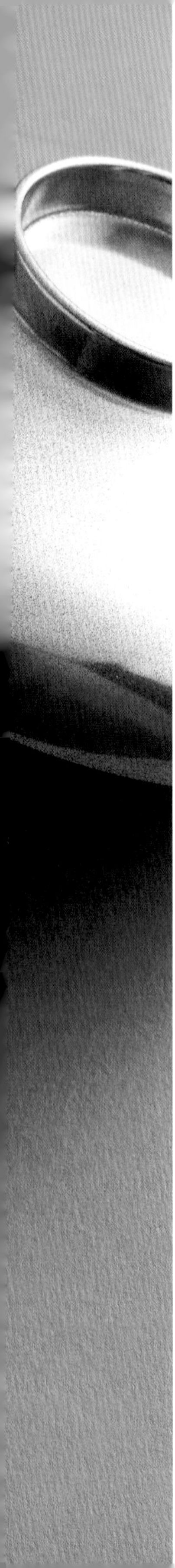

STAUB

Hirohisa KOYAMA
Joel Robuchon

夢のフランス懐石

向付――平目のミルフィーユ
鴨頭ねぎ　割りポン酢
器――古染付芙蓉手
汁――合わせ味噌仕立
セップ茸　辛子
器――オールドバカラ
金縁四つ椀
煮物――オマール海老ビスク　バケット
餅　柚子　大根葉
器――銀椀
焼物――マグレ・ド・カナールとフォアグラの蒸煮
器――ホテル・ル・ブリストル・パリのオーバル皿

強肴――ブッフ・ブルギニオン
器――ストーヴ鍋
強肴――トリュフノワール
クレソンとルッコラの志多し
器――アンティーク・クリストフル皿
（※ロブション&小山ネーム入り箸　クリストフル）
箸洗――レンズ豆（ランティーユ）
八寸――オマール海老のコライユ伊達焼
キャビア・バゲット
フランス茸のごま和え
器――木地
香物――ピクルス各種
ぬか漬各種　沢庵
源五兵衛
器――アンティーク・クリストフル（カップ&ソーサー）
リモージュ鉢

水屋でみる夢

料理人の茶懐石

茶懐石に想う

青柳　小山裕久

茶懐石は、主客一体となってお茶をおいしくいただくために催される茶事のなかで召し上がっていただく料理です。

この懐石とよばれる料理は、禅僧たちが空腹や寒さを忘れるために温めた石を懐中した「温石《おんじゃく》」という言葉に由来しているといわれています。あくまでも、お茶をおいしく召し上がっていただくためにほどほどに満たすための料理。その料理には、催されるお茶事の趣向、そして季節を取り込み、旬の食材を使って温かいものは温かく、冷たいものは冷たく、素材の持ち味をいかした料理です。

お客様をもてなす亭主をなさる方は料理も含めて、茶事すべてを手配なさるわけですが、懐石料理をご自身でお作りになる方は少なくなりました。そのため、茶事をなさる時には、私たち料理人がお手伝いさせていただくことがございます。依頼されると、亭主の方がどのようにその茶事のひとときを作り上げようとされているのか、季節・時間・趣向等をうかがい、料理についても特別な思いをお持ちかどうかご希望を伺った上で、献立を考えさせていただきます。ご亭主の意向の中で料理屋の華美な料理にならぬよう黒子に徹して、茶席の空気を乱さぬよう、お茶を召し上がっていただく後座に余韻を残して繋げる料理となるよう心がけております。

茶事のための料理は、初座の中でも大切な要点の一つです。亭主の方と息を合わせて、ちぐはぐにならぬよう料理が先走らないよう提供するためにはどのすればよいのか、私がお引き受けする時に常々気をつけていること、献立のたてかたのポイントなどをお伝えして、お茶事を催す愉しみを広げていただければと思います。

懐石とは、
お茶をおいしくいただくための料理。
お茶をいただくことを第一義とした一座建立の一部。
料理が主ではなく味も量も控えめ、
淡白で上品に持ち味を活かす料理が最適。
向付に白身魚が多いのは、理に叶っているといえます。
料理の組み立て方、調理法、器の使い方……。
何をとっても懐石料理は、先人の知恵の宝庫。
懐石を学べば、どんな料理でも分析できるのです。

目次

点心創造

茶懐石のつくりかた

青柳の料理場から

撮影　越田悟全
キッチンミノル（102-105頁）

水屋の夢　私と料理

水屋の夢

水屋の夢について、考えるようになったお話をいたします。

お茶事の献立はお客様のご注文、依頼があってはじめて始まるもの。季節の特徴を、器と共に考えるだけでは、ほとんど意味がありません。単なる空想で考えてお作りしても、思いや心が入っていないものはなぜか薄いものになります。今回、「寿ぎ」「名残《なごり》」「フランス」、三つの献立を色々考えている時に、昭和十一年（一九三六）に『茶道全集』という全十八巻の全集の中から第七巻の懐石の所に高橋箒庵《そうあん》さんが、一年間の献立を通じ、「懐石文学」というお話を寄稿していらっしゃいました。十二ヶ月の献立を基に、季節の移ろいで同じ食材や料理でも名称が移り変わるというお話です。

今、私が東京大学と日本料理の言語認識について考えていることを、既に八十五年前に「言葉の持つ意味」の重要性について書かれていました。そのなかで懐石の献立をお願いされて作成していたのは、若き日の恩師・湯木貞一でした。

「懐石は、吉兆の湯木君にお願いする」。

その言葉を読み、我が師の思いはいかばかりであったかと胸の熱くなる想いでした。

美しい乾山《けんざん》の竜田川向付《むこうづけ》に柿なますを盛り、精進《しょうじん》の向付に始まり、強肴《しいざかな》に秋の紅葉鯛を刺身でお出しする。高橋さんも書いておられますが、

「向付だけ、湯木君は器物を特に指定してゐる」

とあります。若き恩師の息が伝わる献立、その献立に今回は思いを巡らせ、新しくお作りし

ました。

名残の懐石は、向付には織部焼の「つるし柿」の向付、そして、八寸は随分昔に求めた萩の蒔絵の八寸盆に盛りつけ、食材と道具の取り合わせに移りゆく季節をと考えました。

さて、最後のフランス懐石は、若き日、徳島の地で淡交会の青年部の方々のご注文で立礼《りゅうれい》で召し上がっていただくフランス料理で懐石を作りました。その頃はフランスにもよく行き始めた時期でもあり、よく分からないなりに食材を集め、お作りした楽しい想い出を再現しました。

料理人として五十年が過ぎ、あの頃よりも思いも読みも深くなりましたが、若き日の情熱が蘇り、「今こそ世界で茶懐石の時代が……」との夢の献立になりました。

二十数年前、パリのホテルブリストルを一週間満席にした時の想い出のお皿と松平不昧《ふまい》公のあつらえた折敷《おしき》、明治の頃に晴海《はるみ》商会が作ったオールドバカラ、十八世紀のクリストフル、日仏の食材道具、数寄者の仕事ぶりにことよせて懐石の世界を考えました。

私と料理

料理の師である吉兆の湯木貞一さんとは、お暇をいただいてから後の三十年にわたり毎年徳島のお店にお運びいただいたり、また、大阪・京都のお店にお呼びいただいたりして夜半に至るまで幾度もお話させていただきました。最初の著作『味の風』を四十代の初めに出版した折には序文を頂戴し、できたての一冊目を印刷所のある東京から新幹線で大阪へお持ちしてご覧いただきました。

黙って一時間半ほどでじっくり読まれたところで、

春や秋すずしい夏に冬仕事
書きつくしたるほまれかな　　白吉兆

と第一冊目の裏表紙に書いていただきました。

ただただ嬉しかったことを昨日のように覚えています。

私の元からも沢山の若い料理人が育っています。

初めて書きますが、自分の戒めとして青柳には「料理人五訓」というものがあります。もともと三十歳になる前に自分で作りました。その第四条に、

料理はお客様の為に行うもの、我意を入れず、素直に調理すること

という文言があります。まさに、茶事における亭主、お客様、そして水屋に陣取る料理人の心得かと思います。

若き日から料理を志し、良き師と良きお客様、良き皆様に支えられ古稀を迎えるまで料理の道を歩んでまいりました。そしてその傍らにはいつも茶懐石がありました。茶懐石こそ私の料理の心、そのものなのです。

青柳の料理場から

懐石　茶事の料理のこつ

茶事の料理・懐石は、一汁三菜を基本として饗されます。懐石で最初にお出しするのは、折敷に仕組まれた「飯椀」と「汁椀」、そして「向付」の一汁一菜です。

ご飯

最初にお出しする飯椀のご飯は、炊きたての若蒸しのご飯です。若蒸しのご飯とは、ご飯を炊いて火を止めたばかりの蒸らされる前の水分がまだみずみずしくツヤっと光るご飯です。一粒一粒に芯はなく米の旨みが表面に感じられるご飯、ご飯がこんなに滋味深いものだったのかとあらためて気づかされる旨さです。懐石の料理のなかで何より美味しいのがこの若蒸しのご飯ではないでしょうか。その後、煮物や焼物などの料理をお出ししていきながら蒸しあがったご飯を飯器に入れて汁替えのときと小吸物の前、二度に分けてお出しします。最後は香物と一緒に釜の底に残ったお焦げに湯を加えて湯ごと取り出して湯斗に入れてお出しします。ご飯は時間の経過とともにあらゆる旨さを味わっていただきます。

最初の飯椀には、裏千家では杓文字二本を使って一文字のかたちにきれいに切ったご飯を盛りつけます。炊き上がりのほんの短い時間（4～5分くらい）が勝負の炊きたてのご飯をタイミングよくお出しするために茶事の折には、一釜準備して時間差でご飯を炊くようにしています。

ご飯を仕込むときのコツは「米は米で研《と》ぐ」ということです。米はしっかりと乾燥しているので初めは水を入れてさっと洗って水を捨て、米と米をこするようにやさしく研いでいきます。次第に研ぐ音が澄んでくるのを、研ぎ汁の色が澄んでくるのを確かめながら五感を澄ませて研いでいきます。4～5回水をかえて研ぐ間に米に水分が入ってくれば、手のひらで押すように力を入れて研ぎます。研ぎ上がったらザルごと20分くらい浸水させてから炊き始めます。

強火で水分がなくなりお粥のようになるまで一気にご飯を炊き上げます。そしてすぐに蓋を取りツヤツヤの若蒸しのご飯を盛りつけます。要は、若蒸しのこのタイミングを逃さないことです。一気に炊き上げるためには羽釜や土鍋を使うとよく、炊飯器は美味しく炊き上げますがじっくり蒸し上げるように炊くため、若蒸しご飯なら少し早めに蓋を取って下さい。

最初にお出しする一文字は、「ご飯がほぼ炊き上がったのでまずは一口どうぞ」という意味でお出しします。一文字は、杓文字二本を使って取り出します。まず、炊き上がった表面を軽く押してから、釜肌に向かって斜めにしゃもじを入れます。すくったご飯の釜肌側は飯椀の底となるようよそって、二本の杓文字で三角柱を寝かす要領で鋭角にかたちを整えます。

ご飯の心得

米は米で研ぐ
若蒸しの時をとらえる
米は野菜

汁《しる》

懐石の最初にご飯と向付とともに饗される汁。懐石でいう汁とは、季節の野菜や豆腐や麸など精進のものを汁の実として仕立てた味噌汁です。汁は季節に応じて、冬の寒い季節には白味噌仕立てでまったりと、夏の暑い季節には赤味噌でさっぱりと、間の季節はこの二種類の味噌の割合をかえながら仕立てます。

汁のための出汁《だし》には、出汁の旨さを味わう一番出汁ではなく、風味が強すぎない二番出汁を使います。一般的に二番出汁は一番出汁を引いたあとの昆布と鰹節をグラグラ煮出すように沸かして引きますが、青柳では昆布と鰹節の量を少なめにして旨みが出すぎず雑味の入らない加減の出汁を一から引いて使います。

まず、昆布を30度くらいの水に入れて沸かしはじめ、80度くらいになったら鰹節を加え、そのまま沸騰させないように3分ほど加熱して火を止め、鰹節が底に沈むのを待ちます。加熱している間にアクが出てきたら丁寧にその都度取ります。西洋料理や中華料理では煮立たせて一気にアクをとりますが、日本料理ではその都度取って雑味が出汁に戻るのを防ぎ、澄み切った味にします。鰹節が沈んだら、ペーパータオルを敷いた濾し器に出汁を静かに流し入れて漉します。このとき鰹節をしぼり出すようなことはせず、鍋に昆布と鰹節が残るほどに濾すのがポイントです。

汁の実は、一椀目には少し小さめに、汁替えには心持ち大きくかたちを整えます。芋のように固いものは下茹でをしてから、豆腐や麸などはそのまま出汁に入れて火にかけて味を含ませます。

出汁を再び火にかけて、沸騰直前に味噌を漉し入れます。味噌が溶けたらさらに目の細かい漉し器で汁を漉します。一椀目は温めた椀に実を入れて沸騰直前の汁を三口分ほどはり溶き辛子などの吸い口を添え、汁替えには沸騰させて煮え花の汁を大きめの実に多めにはります。

出汁の旨みが主張しないことで、味噌と汁の実の風味が生きた汁となります。

汁の心得

昆布と鰹節の味を強く出しすぎない

決して沸騰させない

アクは出るたびに取る

向付《むこうづけ》

懐石で最初に出される折敷の向こう側に付けられる料理で、一汁三菜のうちの一菜にあたります。器も向付と呼ばれ、季節によってさまざまな陶磁器類を用い、あとに出される料理の取り皿としても使います。向付は主にひと塩したものや昆布締めに山葵と海苔や穂紫蘇などのあしらいを添え柑橘類を混ぜた加減酢を器の底におくように注いでお出しします。

向付に昆布締めが好まれるのは、昆布締めには鯛や平目、細魚や鱚など白身魚を使います。魚はウロコを取って頭をはずし、内臓を取って腹の中を洗い三枚におろしサクにします。魚によって皮はそのまま、また皮をひく場合もあります。

昆布締めにする昆布で最適とされるのは、風味が出過ぎずくせの少ない真昆布です。昆布は霧吹きなどで酒をかけて柔らかくしておき、そこにサク、もしくはへぎ造りや細造りの身に塩をしてたものを並べていきます。身の厚いサクの場合は五〜六時間、へぎ造りや細造りの場合は三十分ほどおくと昆布の旨みが身に移ります。

加減酢は、煮切り酒に醤油を入れ一旦味見をして、酸味となる柑橘類（すだち、柚子など）を合わせます。加減酢は、吸いきれるおいしさが重要です。そのままでも飲める塩気で昆布締めにした魚の塩分と昆布の旨みが溶け出した味を想像して整えます。

〈鯛のおろしかた〉

ウロコと内臓を取り除いて水で洗って水分を拭き取った魚の頭と尾を出刃包丁で切り落とし、腹側から上側の身を少し持ち上げながら包丁の先で皮だけを尾まで切ります。そこに包丁を当て直して身を中骨にそって背骨にあたるまで切り離し、さらに背骨をなぞるように背骨から出ている筋を切り離します。上側の身を開くようにしながら包丁の先で背骨と腹骨をつなぐ関節を頭側から一本ずつ切り離していき、関節を切り終えたら背側の身を中骨にそって切り離します。最後に皮を切って片身をおろします。片身がおろせたら、裏返して骨側を下にして背側の皮から切りはじめ、先ほどの片身とは逆に切りすすめていきます。

どんな魚でもおろすために切るのは、「皮」「身」「関節」「筋」の四つだけで、骨は切りません。また、魚は水の中にいながら水は大嫌い。ウロコや内蔵を除く際に水を使ったらしっかり拭っておきます。

〈魚の切りかた〉

包丁を柳刃包丁に変えて、片身を上身と腹身に切り分けて、上身の皮を下にして手前から包丁を入れて皮を引きます。それを切り身にしていきます。

魚の向付の心得

魚の種類に合わせた切り方や締め方をする

刺身は六面体を意識する

切るのは「皮」「身」「関節」「筋」の四つ

昆布締めにはくせのない昆布を選ぶ

素材との按配を想像して加減酢をつくる

煮物《にもの》

菜盛、椀盛ともいわれ一汁三菜の一つに数えられる煮物椀は、亭主が最もこころをくばる料理といえるでしょう。趣向や季節に応じた椀種に丁寧に一番出汁を引いて椀種の旨さを引き出します。椀種よりも汁が美味しくては本末転倒です。あくまでも椀種が主役となる出汁を引きます。

近年の椀種には季節に合わせた進上に青菜と吸い口が添えられることが多いですが、以前は彩りよい五種の菜を盛り合わせたものが多くありました。中でも夏の鱧の葛叩き、冬の鶉《うずら》の丸《がん》は煮物椀の王道といえるでしょう。

煮物椀の出汁のひき方は、昆布を20分ほど水出しして取り出し、火にかけて80度くらいになったら、厚めに削った鰹節を一気に入れます。鰹節を入れてから7秒で火を止め、アクを丁寧にすくいます。鰹節が沈んだら、漉し器で静かに漉して、塩・酒・淡口醤油で味を調え、吸い地をつくります。要は美味しすぎない一番出汁を引くことです。椀種によって、例えば淡白な鱧ならば醤油を控えて旨みを抑え、キレをよくして鱧の美味しさを引き立たせたり、炉の季節には身体が温まる葛仕立てや生姜や酒をきかせたすっぽん仕立てにすることもあります。

また椀種に添えるあしらいや吸い口も、季節をあらわします。

椀種は火の通し方や切り方など、客が蓋を開けたときの状態を想定して準備し、彩りよく盛りつけます。

煮物の心得

おいしすぎない一番出汁を引く
仕上がりを意識して椀種を準備
彩りよく盛りつける

焼物《やきもの》

一汁三菜に数えられる焼物は煮物椀のあとに出されます。向付や煮物椀は個別にお出ししますが、焼物は人数分を鉢に盛ってお出しします。材料は主に魚ですが、季節や趣向によって鴨などの鳥類や野菜を使い、調理法も焼くだけでなく蒸し物や揚げ物にする場合もあります。魚の焼き方は塩焼のほか、幽庵焼や味噌焼などにします。

切り身の場合、一切れ60gを目安に厚さが均等になるように準備します。骨を抜いた部分から身が割れるので皮に切れ目を入れておきます。

塩焼の場合、塩加減と焼き加減がポイントとなります。炭火の方が香ばしく焼き上がりますが、フライパンでも焼くことはできます。

まず、親指・人差し指・中指の3本で塩をつまんで少し高い位置から振り、炭火の場合は、6対4の割合で身側よりも皮目の方に多めに振ります。しばらくおいて塩がなじんだら串を打って焼きます。身が串にくっつかないよう金串を水で濡らしてから2、3本打ちます。

ポイントは、

一部分だけ皮に刺す（皮が縮みにくい）

皮の切れ目には刺さない（焼くときに身が落ちない）

刺した串の先の長さは同じにする（複数の切り身を焼くときに同じ位置に火があたる）

の三点です。魚の種類や部位によって片側を丸めた片褄《かたづま》、両側を丸めた両褄《りょうづま》、波打つように刺す縫い串など刺し方はさまざまです。皮にごく薄く油を塗っておくと、皮の温度が上がって香ばしく焼くことができることも覚えておくとよいでしょう。焼く手順としては、皮からしっかり焼き裏返して身が白くなるまで焼きます。パサパサにならないよう最後は余熱で火を通します。焼いている途中で串を回しておくと、焼きあがったときに串が抜けやすくなります。

また、フライパンで焼く場合は、塩が溶けて流れやすいので、皮目と身側の塩の割合を7対3とします。フライパンを熱して油を薄くひいて中火で皮目から焼き、身が反らないように箸で身を押さえて焼き目をつけます。たくさんの切り身を一気に焼く場合は、落し蓋で押さえてもよいでしょう。各面を返しながらじっくりと全面に焼き色をつけ、皮目は香ばしくなるようほかの面より長めに焼きます。

夏の白身魚や鮎などの塩焼には、蓼酢《たです》を添えるとよいでしょう。蓼は特有の香りと辛味をもっており、これをすりつぶして酢でのばして塩焼の魚に添えると、さっぱりと美味しく食べていただけます。始めにすり鉢でご飯を半ずりにして蓼の葉を入れて軽く押すようにすります。すれたら裏ごしして蓼の辛味が消えないよう、魚の塩加減も勘案しながら酢を少しずつ入れてのばしていきます。

焼物の心得

塩は皮6・身4の割合で皮に多く振る
焼き加減は皮6・身3・余熱1の割合で
夏の魚に添える蓼酢は、割合を考えてつくる

小吸物《こずいもの》

小吸物の汁は水を吟味して選び、沸騰直前の湯に昆布をくぐらせる程度にします。実には、季節感がありながらもおいしすぎないものを少量準備します。

小吸物の心得

口中を清める白湯がわりのためほのかな塩梅に
実は季節感があり主張しすぎずおいしすぎないものを極《ごく》少量

八寸《はっすん》

杉柾《すぎまさ》の角盆に盛られた原則二種の珍味のことをいい、酒とともに出されます。ほかに取肴とも呼ばれます。季節感に加え味や彩りのバランスを考えて海のものと山のものを盛りつけます。亭主は懐石の間、料理をつくったり運んだり忙しく茶室を出たり入ったりしていますが、このときばかりは、お客様と杯を取り交わしながら歓談しつつひとときを過ごします。なごやかなひとときを演出するひと品と言えるでしょう。

八寸とは、杉木地の白木のお盆です。ここに二種の肴を盛りつけるわけで器に制約があり、さらに盛り込む料理にも海と山のもの二種と制約があります。趣向を表現しにくいといえます。ですが、八寸とともに酒を持ち出し、亭主と客がくつろいでひととき過ごす。懐石の時間の流れのなかでも、緊張感よりも穏やか感があふれる特別なひとときです。茶室の空気が和んでいるけれど、料理には制約があり器は一回使いきりの白木地盆で緊張感が存在している。剛と柔のバランスがとれているわけです。

　また、海山の幸を各一種盛り込むのが原則ですが、客の手土産、また特別な到来物があったりするとひと品増やして三種を盛り込む場合もあり、また十月の名残の季節には、白木地のものを使わず、使い古したものという意味合いで塗物の八寸を使うこともあります。茶の湯は厳しい決まりばかりだと思われがちですが、「はたらき」といわれるその場の状況に応じたもてなし方もあるのです。

八寸の心得

季節感のある海と山の幸を
取り回しやすさに気をつける

香物《こうのもの》

懐石の最後には、ご飯の湯を加えたおこげを入れた湯斗《ゆとう》とともに香物が出されます。飯椀に残した一口のご飯にこの湯をかけて湯漬けにして香物と一緒にいただきます。懐石には、禅の精神が根付いています。禅寺では、食事のあと椀に湯をそそいで沢庵でぬぐい、布で椀を拭いて棚にしまっておくのです。それにならって亭主に感謝の意をこめて器を清めるのです。またこれからいただくお茶のために口の中を清めるはたらきもあります。

香物には必ず沢庵を加え、三種・五種と奇数で盛りつけます。季節の野菜の漬物を合わせます。夏の野菜にはぬか漬、冬の野菜は塩漬にすると野菜の滋味深さが味わえます。盛りつけのポイントは、ひと通り切ったものをまな板に並べて「メインするもの」を決め、「色が重ならないように」「取りにくいものは取りやすい位置に」「きれいに見える向きで」と考えていくと、おのずと盛り込む位置が決まります。全ての季節に盛り込む沢庵は、断面にツヤがあるように切るため、固くなった皮は切り落とし拍子木に切ります。

懐石料理は、自分の料理を打ち出すのではなく、自分の我を抑え、「ご亭主とお客さまのためのもの」と心得て調理することが、何よりも大事なのです。

香物の心得

沢庵は断面にツヤが出るように切る

役割や色・形を整えて盛りつける

懐石料理のこころ

世界のどこかで最初の懐石料理をつくるとすれば、フランスでつくられることになるだろう。

——なぜなら、世界広しといえども日本のように春夏秋冬の季節があり、四季の移ろいにこころを添わせ、限られた季節にしか手に入らないすばらしい素材が手に入れられる場所がフランスだから。

フランスから日本料理を学びにやって来たフレンチの料理人ブランシュ・ロワゾーさん。日本料理、中でも懐石料理への興味が尽きず、家族ぐるみで交流のあった青柳の主人、小山裕久氏のもとに一年の期限で修業にやってきました。厨房に入り料理だけでなく、お茶の稽古もして日本人のもてなしのこころを学んでいます。

日本料理の中で一番こころ惹かれたという茶の湯の懐石については、「技術的にも歴史的にも哲学的にも優れており、日々発見の連続で来日してから三ヶ月だが期待以上の成果を感じている」といいます。加えてお茶の稽古することで、厨房での仕事においても気くばりや今まで気をくばっていなかった細々としたことや食材の扱いにも注意をはらうようになり、一つ一つの動作が流れるようにすすむ茶の湯の点前を習うことで、料理をつくるときも途切れることなく流れるようなリズム感のある動きを心がけるようになったといいます。

日本料理と茶の湯について理解を深めてきたブランシュさんに、師匠である青柳小山裕久氏がやさしく茶の湯の懐石の極意を伝えます。

小山　これまでも、多くのフランス人シェフが研修に来ました。ですが、あなたのように「懐石を一年かけて学びたい」とやってきたのははじめて。日本のおもてなしのこころ、気配りについて気に留める若いフランス人の料理人が出てきたことはうれしいし、一年間の学びに敬意をはらい私こそ感謝しています。

　私は料理の世界に入ってからずっと、プロの料理人はどうあるべきかと考えながら五十年が過ぎようとしている今、ようやくその答えが見えてきたように思います。

　料理の世界に携わるようになってから、料理の師・湯木貞一（吉兆主人）、茶の湯を習った先生、そして裏千家の鵬雲斎大宗匠がおっしゃる「お茶がある」ということばをいつも考えてきました。「どういうことやろ?」と。その意味がどこにどうあるのかがわかりませんでしたが、その後三十年にわたってフランスで日本料理を伝えるためアラン・デュカスやジョエル・ロブション、それにあなたのお父さんであるベルナール・ロワゾーら名だたるフランス人シェフたちと交流し、両国の料理を熟知していくなかで、おぼろげなその言葉の本質を掴めたように思います。その一端を、この場でお話いたしましょう。

ブランシュ　懐石料理をお出しする茶事とはどのようなセレモニーなのですか?

小山　茶事は、「二刻《ふたとき》をこえず」を目安に中立《なかだち》をはさんで初《しょ》座《ざ》と後座《ござ》が行われます。眼目は、茶を介して主客ともどもひとときを楽しむこと。

　初座では、季節によって順が入れ替わりますがお茶を召し上がっていただく湯を沸かす火の準備（初炭）と、お茶をおいしく召し上がっていただくために腹を満たす懐石料理が饗されます。後座では茶事のハイライトである濃茶、そして後炭、薄茶でもてなします。

　お茶を点《た》てるにも点前《てまえ》作法があるように、懐石料理は料理の構成は一汁三菜を基本とし、出し方にも順序とルールがあります。始めに出す折敷《おしき》にはご飯と汁（味噌汁）に向付《むこうづけ》がセットされ、客が椀の蓋を取ってご飯と汁を召し上がり、その間に亭主は水屋に下がって酒を持ち出す準備をして頃合いをみて、席中に入り客に酒を勧めます。客は酒が注がれてはじめて向付に箸をつけることができるのです。この間に台所では次の煮物椀を準備し、亭主はアツアツの汁がはられた煮物椀を席中に持ち出します。料理をまかされた我々は壁のむこう、茶室内で召し上がっている客の様子を感じ取ってタイミングをはずすことなく一番食べごろのできたての料理を準備してお出しできるようにせねばなりません。焼物を出し、客が一通りの料理を召し上がられ一段落した頃合いで箸洗を、ほどなく八寸と酒を準備して席中に亭主があらためて入り、客と酒を酌み交わします。茶席の様子によって酒の肴にもなる強肴《しいざかな》を作り、酒をしばらく愉しんでいただいたあとにご飯のおこげと湯を入れた湯斗《ゆとう》と香物をお出しします。

茶をおいしく飲んでいただく後座のために腹を満たしていただく役目が、初座の懐石料理なのです。

ブランシュ　茶事のための料理である懐石は、日本人の料理人であっても「むずかしい」「いや単純で簡単だ」と両極端に言われていますが、いったいどちらなのでしょう。

小山　何を思い、考え、行うべきなのか、私が本当に真実であると考える茶懐石についてお話しましょう。

まず、茶人自ら作る懐石と、料理人の私たちがお手伝いをして作る懐石。その共通点と相違点を整理してみましょう。

茶人、つまりその茶事を行う亭主ですね。茶事を行うということは、懐石の料理を作るだけではなく、茶室を清めて（掃除して）床飾りの準備をし、露地の清掃、待合の準備、茶を点てるための準備すべてを行わねばなりません。そのような忙しさのなか、料理を作るには手の込んだ装飾的なものはふさわしくなく、ある程度下ごしらえ、つまり事前準備をしておいてシンプルな調理法でできたてをお出しするのが、亭主が作る料理の醍醐味だと言えるでしょう。その料理の部分だけを我々料理人が仰せつかる場合も同様で、手の込んだ料理屋で出すような料理は茶事にはふさわしくなく、あくまでも亭主になりかわって、亭主のこころによりそった料理を最高のタイミングでお出しすることが、我々料理人の使命だと考えます。料理が主張せず、座の雰囲気を乱すことなく、後半に控えているお茶を召し上がっていただくその時のために、ほどよい腹具合で臨んでいただける料理の内容、分量をご提案してお作りします。

ブランシュ　シンプルな調理法の料理ですか?

小山　ええ、もちろんそうです。

亭主になりかわり、料理人としての気配を消して、ご亭主と一心同体のこころで取り組みますので、手数のかかる料理屋の料理を出していたのでは座の空気が乱れます。

まずは、こころをこめて炊き上げた炊きたての蒸しあがりきっていないお粥とご飯の狭間のツヤツヤひかる若蒸しご飯と、季節に応じた味噌仕立ての味噌汁をシンプルな具材で仕立て、熱々をお出しします。お客様は両椀の蓋を開けて素材の持ち味が最高に味わえる至福の一口を召し上がられます。香りと味わい、日本だからこその滋味あふれる瞬間です。

そうして次に亭主が酒を持ち込んで客に一献すすめてようやく召し上がっていただく一菜目の向付に箸をつけていただきます。向付には、昆布で締めた魚など少し保存の効く下ごしらえをして加減酢などのかかったひと品を召し上がっていただきます。

それからは、一汁三菜の順に従って料理を準備します。二菜目の煮物椀は、魚や鳥の椀種を温めて青菜など季節の野菜やへぎ柚子など吸い口を彩りに添えて、お出しする直前に煮立てた汁を注ぎます。間にお出しする汁やご飯のおかわりは、客組の人数、年齢・性別などにも留意して過不足のないよう仕立てます。

その後に控える三菜目の焼物は、お一人分一切れ60グラムほどを目安に切り身にした魚などを付焼や塩焼、幽庵焼にします。

料理を出すときの留意点としては、フランス料理も同じですが、温かな料理を出すときには器を温めておくようにします。

ブランシュ 最初に出される四つ椀はシンプルなデザインですが、ほかの器、向付や煮物椀、焼物鉢はとても美しくきれいなものです。フランス料理だとセットの食器を使うことが多いので器の選択肢がほとんどないのですが、懐石料理ではどうしてこんなに多彩な器を使うのですか。

小山 茶事では「趣向」と言われる全体を通してのテーマがあるとともに、季節を大切にします。この趣向（テーマ）にそった料理を考え、調和する器を考えます。日本の器は、やきものや漆器など素材も多彩でかたちもさまざま。絵付けがされて季節を表しているものも多く、料理の内容とバランスを考えて器を選びます。これは、あとに控えるお茶を召し上がっていただく後座へつながっているのです。

ブランシュ 懐石料理をまかされる料理人は、お茶を身につけて亭主が思い描く茶事の趣向を理解しないとできませんね。

小山　そうですね。茶事で料理をまかされても茶室の中に入ることはありませんので、静かに水屋台所で息を潜めて茶室で料理を召し上がられているお客様の様子を感じ取り、亭主と一心同体になってタイミングをはずすことなく、料理を支度せねばなりません。

献立は、あらかじめ何度かのご亭主との打ち合せで決めてあるとはいえ、臨機応変に対応しないといけないこともあります。

たとえば、献立に海老を使った煮物椀があるとします。思いがけずお客様の中に海老が召し上がれないという方がいらしたりすると、その方だけ手持ちの材料のなかから別仕立ての料理をおつくりすることになります。あらかじめわかっていたら献立からその材料ははずしておきますが、そうもいかない場合もあります。ですので、私たちは「隠し玉」と言って、献立で必要な材料だけでなく不測の事態にそなえての仕込みの材料を準備しておくのです。その材料をつかって、その方だけ別のもので仕立てたり、思いがけず席中でお酒がすすんだ場合のもうひと品の強肴をお作りしたりいたします。このあたりは、料理人が当意即妙に力が発揮できる場面ですね。

ブランシュ　フランス料理と日本料理の違いはどこに？

小山　フランスも日本も季節の素材に恵まれた国です。それらの素材を活かして食すというところは共通する部分ですが、あきらかな違いは料理を食べる方法です。

フランスはサービスされた料理を食べる人がナイフとフォークで切り分けて食べます。日本は箸を使うのでひと切れが一口分であったり、大きな切り身であっても箸で割って食べられる柔らかさになるように調理してあります。ここに食文化の大きな違いがあるといえるでしょう。そのため、器もナイフとフォークで食べようとするとどうしても平べったいお皿となりますが、箸で食べるさまざまなかたちの器に料理が盛りつけられていても難なく料理を食べることができるのです。ここに日本の料理の多様性と器との関係性が育まれたように思います。

ブランシュ　なるほど。フランスだと一人ずつのお皿にメインと付け合わせの料理が盛りつけられて完結していますが、懐石料理での焼物など大きな器に人数分が盛りつけてあって、盛りつけられている器を鑑賞しながら手送りしてお客様みんなが取り分けて食べる。これがご亭主への感謝のこころとお客様同士の思いやりのこころに通じていくのですね。

小山　そうです。茶の湯には「一座建立」という言葉があります。この言葉に込められた意味は、その時に集まった人々でかけがえのないひとときを過ごすということ。亭主も客も、そして茶室に入ることはないお手伝いしている私たち料理人もこころを一つにしてかけがえのないひとときを作りあげるのです。懐石料理は、亭主と客がこころを通わせるコミュニケーションする料理だといえます。茶事の朝、亭主の家の畑で採れたばかりの大根を料理してほしいということであれば大根の料理お出しすることもある。料理人は亭主のこころを受けて心配りすることが大切なのです。

ブランシュ　他にポイントはありますか?

小山　料理は素材を選ぶときから切るとき、煮る、焼くなどの調理、そして盛りつけまで気を抜くことはせず、緊張感をもって料理を仕上げます。

料理の美味しさは、「切りたて」「炊きたて」「焼きたて」と、お出しするまでに調理を完成させず直前に仕上げ「できたて」をお出しすることが、懐石料理の真髄だと考えています。

茶事の料理は、料理人が自分の料理を打ち出す自己実現の場ではありません。あくまでも出すぎずにご亭主のこころに寄り添うかたちで作る料理なのです。そのこころで茶室には出ないで水屋で茶室ではどのような茶の姿が具現化されているのかを夢見てご亭主の思いにこころをそわせるだけなのです。水屋台所で料理を作る私たちの心地よい夢の世界は、壁の向こうにあるのです。そのような立場でお引き受けしてこそ、ご亭主にご満足いただける料理をお作りすることができるのです。

ほんとに大事なことは、技術・材料のよさをいつも感じ取ることができる柔らかなこころ。それが一番です。そのためには、充分な準備をしておくこと。これができていればこころに余裕ができて不安にならず、やさしさや思いやりをもって料理をご提供できるでしょう。茶室のなかの様子を感じることができれば、見えない壁の向こうのお茶室のお客様にその真心は通じるでしょう。

ブランシュ　こちらにお世話になって感じるのは、言葉があってもなくても大将の思いを厨房のみなさんが受けとめて料理に取り組まれていること。当たり前のことですが、私もその一翼を担うために自分に託された役目をしっかりつとめるだけでなく、次に何をすれば料理の流れがスムーズにすすむよう工夫できるのかと考えることが増えました。それも、召し上がっているお客様の様子を想像できるようになれば、言われる前にも準備ができるようになりますね。

小山　その通りです。それこそ、まさに「お茶がある」ということなのです。お茶がある料理を作る。それは日本人の料理人にとってもむずかしい。

　技術的なこともさることながら感じることのできる気くばりと、「できたて」の料理を提供する。最終の料理は、ぴしっとした凛とした清潔さを持つものとすべき。この「際立つ」表現を身につけてもらいたい。そのふたつをフレンチの料理の中で活かしてもらえたら、あたらしいブランシュならではのほかにない料理が生み出されるはずです。

ブランシュ　ありがとうございます。それから、料理によって器をかえてのマッチングの素晴らしさに感動したので、料理と器についてもあたらしいスタイルが考えられないかと思います。

小山　一年かけて日本料理に携わったことが無駄ではなかったと、多くを学んで帰って欲しい。フランス人の彼女が考える懐石、お茶のこころのある料理を自国で作ってくれたら、それはとってもうれしい夢です。

ブランシュ・ロワゾー
1996年、フランス共和国・ブルゴーニュ地方のディジョンに、三ツ星シェフのベルナール・ロワゾーとドミニクの次女として生まれる。たとえるなら、彼女は幼い頃に鍋に落ちたようなもので、生家であるホテル・レストランのルレ・ベルナール・ロワゾーを幼い頃から手伝い、著名な料理学校のひとつInstitut Paul Bocuseにて学位を取得。ヨーロッパの有名料理店で研修を修めたのち、これからの料理の世界を模索するため、日本料理の「懐石」について学ぶべく一年間の来日をきめ、2019年秋より父・ベルナールの友人でありフランスで日本料理を長年教えている小山裕久氏のもとで研修している。

通訳　人見有羽子

点心創造

茶の湯の懐石料理のこころはそのままに、
簡便なかたちにしたものを点心という。
めぐりくる季節のなかで、
お客さまを思いつくる
十二ヶ月の点心暦。

睦月　一月

日常から非日常を創り出す

鶴食籠——真名鰹塩焼
唐墨
出汁巻
俵胡麻ご飯
西瓜の奈良漬
大根
松葉

吸物——鶴雑煮
鶏つくね
焼餅
うぐいす菜
椎茸
松葉柚子

如月　二月

口に合わせての「寸法」

才巻海老天麩羅——銀杏

炊合せ——ぜんまい

鰊

蒲鉾

饂飩——霰柚子

天塩皿薬味——独活

茗荷

木の芽

睦月《むつき》　一月

日常から非日常を創り出す

松の内にお客様がお見えになって、少しの食事と一服お茶を差し上げたいという時に、なにをお出ししようかと考えてみました。

「点心創造」と言いますと、なにか新しいものを作り出すことのようにお思いになるでしょうが、茶事や懐石の道具組や献立を考えるのと同じで、点心は短い時間のうちに勝手を見繕《みつくろ》ってお出しするもの。つまり見立てることといえるでしょう。常日ごろの料理や道具、食材をある時、ある大きさや寸法でどうお出しするか、あるいは常と違う味つけにするかなど、日常から非日常を創り造《だ》すことを言うのだと思います。

一月睦月の点心は、正月らしい華やかさは組重やお節にまかせ、中身はずいぶんしっくり作りました。鶴の食籠《じきろう》にめでたさは込めることにして、点心や弁当を作る上での大切なことは、実は珍しいものや高価なものを組み入れることではなく、それぞれの持ち味を生かすこと、食べ終えた時の量やおなかの具合、口に入る塩や醤油の量を考えて作ることです。品数は分量を考えて、なるべく少なくしました。

ご飯は胡麻を混ぜ込んだ俵型の物相《もっそう》ご飯に大ぶりの西瓜《すいか》の奈良漬「源五兵衛」に合わせます。焼物は定番の真名鰹で。新しいものであれば手間をかけずにそのまま塩焼にします。あまり見かけないようですが、思いがけず美味しいものです。卵焼きは関西風にたっぷりのお出汁で出汁巻卵にしました。ちょっと贅沢な唐墨は少し厚めに切って、口の中が少ししょっぱいかなと見て取れるので、歯当たりや彩りを考えて、唐墨と出会いの今が一番美味しい大根をあしらいではなく一品としてきっちり短冊に切って散らしました。

吸物は、鶴雑煮《ぞうに》と題して手取りの鶏つくねに食べやすく小さく切った焼き餅とうぐいす菜、松葉柚子で締めくくりました。

如月《きさらぎ》　二月

口に合わせての「寸法」

立春を過ぎて三寒四温のこの時期に、時はずれの点心を差し上げることを考えてみました。時はずれというとご飯時分、つまり食事時ではないということです。

点心というと、もともと中国や禅寺では菓子の麺類のことを指します。手軽に作り食べられるものを意味するので今回は温かい「うどん」にしました。

小ぶりの才巻海老をしっかり揚げた天ぷらにして、林のようにたくさん盛りつけました。小さくても華やかになり、おもてなしの心が伝わります。先にこの海老を食べていただきながら御酒を差し上げます。

そうすると天ぷらが向付《むこうづけ》や八寸の代わりになります。少し御酒がすすんだところで、「素うどん」を小振りのお椀で給仕します。温かなうどんを召し上がっていただきたいのと、たっぷりのうどんの上に大きな海老がのっていると衣が柔らかくなりますので、海老の天ぷらは別にして、うどんは小振りのお椀で差し上げてお代わりしていただきます。

茶席では、主客ともに姿や形の美しいことが大切です。それはつまり、優しさや食べやすさに繋がります。

懐石は、お箸で食事を召し上がっていただくわけですから「寸法」、すなわち一口で食べていただける大きさに、あるいはお箸で割り取れる柔らかさに按配することが大切です。「寸法」は包丁で切り分けることは勿論ですが、今回のように海老の大きさを小さくすることにより、一つの料理が向付や八寸、焼物の代わりになって成り立つのです。

一つの料理でありながら「一品多様」。つまり献立にもなりうる見立ての創造となります。

立春を過ぎてもまだまだ寒いこの時期、温かいうどんで春を待つ心を表し、炊合せの鰊《にしん》と蒲鉾、乾物の山菜のぜんまいにそこまで来ている春の訪れを込めて仕立てました。

弥生　三月

小さいものを大きく見立てる

文箱八寸

上段——車海老手毬　蒸し鮑
菜種　甘鯛塩焼　蛸小豆煮
蕗　玉茗荷　ちぎり麩
大根唐墨　胡瓜鋳込
浅利旨煮　おから　松風
百年玉子　丸十
白魚おかき　鰆照焼
つくし　木の芽

下段——鯛昆布〆
このわた　あおりいか
青さ　筍　長芋
ぜんまい　木の芽

吸物——蛤椀　独活　若布

豆ご飯

卯月　四月

見立ては創造

杉柾弁当──鯛塩焼
平目昆布〆
鶏くわ焼　伊達焼
車海老　天白冬茄
流れ子　筍　菜種
一寸豆　桜ずし

鶉丸
水玉大根
花びら生姜
胡麻俵御飯
赤飯俵
筍御飯

弥生《やよい》　三月

小さいものを大きく見立てる

可愛らしい小さな二段の文箱《ふばこ》にお料理を詰め、茶碗にははしりのうすいえんどうの豆ご飯、吸物は雛月ということで蛤《はまぐり》の潮《うしお》仕立てと、いかにも春の点心らしいお弁当の献立にしてみました。

お弁当箱にもいろいろな種類、かたちがあります。古くは、大徳寺縁高《ふちだか》です。これは深くて仕切りがないため盛り込みが難しく屋外には持ち出せませんが、お座敷で懐石代わりの点心として簡単にお出しするには都合がよいものです。ですので、ご飯は熱々の押し立ての物相《もっそう》が嬉しいですね。いっぽう、十文字に仕切り板がある松花堂は盛り込みやすく、お運びの折にも崩れにくいので仕出しに便利です。いずれも寸法はだいたい決まりがあって料理を軽く詰めると淋しく、そのため材料の切り方を大きくするか、小さく切って量をたくさん入れるか、どちらにしても決まった寸法には決まった量が入りません。結局、大きくする小さくするといっても、器の大きさがきまっていると「料理の品数を多くする」「材料を大きくする小さくする」というふうに決まってしまいます。

ここでは文箱の体裁を取って、思いっきり小さなお弁当を作ってみました。あまりに小さいので二段にして存在感を出すことにしました。フランスの時計会社の新年の会食のために仕立てました。何百人かの方の前にこの宝石箱のようなお弁当箱が初めて出た時は、蓋を開くと同時に「ワー」というため息をたくさんいただきました。思わず箸がすすんで軽く食べられます。

点心は懐石よりもいただく時間も短く、量を少なくすることが大切ですが、量を少なくするとどうしても品数が減ります。品数を多くして、その代わり材料を小さくして、それがしっかり料理として見えるように思い切って小さな文箱に盛りつけています。これも料理の魔法のひとつで、実は見立ての寸法のひとつなのです。

卯月《うづき》　四月

見立ては創造

花見弁当という花を観るための弁当が存在するのは、世界中でも桜の花だけだと思います。お弁当を野外などに持ち出すのは、一年の中でこの時期が一番多いかもしれません。世界中とは少し大げさですが、冷めても美味しく美しい料理があるのは日本料理だけです。そのための技術や美しい盛りつけ、容器までに歴史があり、今も作られている料理は日本の大切な文化だと思います。

冷めても美味しいためには、煮物も水分を残してしっかり味つけをすることが肝要です。そして大切なのは、本格的な保存食ではないので、料理に保水性があって、するりと喉ごしがよいことです。ただそうすると保存性が悪くなる上に、弁当の容器によっては外に出汁が沁み出します。かといって漏れない容器にすると、露が蓋についたり、容器の底に出汁が溜まりほかの料理に味が移り美味しくなくなります。つまり若干の吸水性と保湿性があって、内外の水分以外に空気も通し、材質そのものに吸湿性があり、香りの良い物が望ましい。そう考えると、杉柾《すぎまさ》の弁当箱が一番優れています。古来、杉の弁当箱が重宝されてきたのはそういう働きの所為です。もちろん、白木の清々しさが美しいということもあります。

昨今は、一時期のおかず重視よりご飯が見直されてきています。お米を大切にする瑞穂の国としてはありがたいことです。お弁当の中身は味つけが少ししっかりするため、昔ながらに半分くらいまでご飯が入っているお弁当が好ましいと思います。少し贅沢に白いご飯は小さな俵で口直しに、それに餅米のお赤飯、出ざかりの筍を炊き込みご飯にしました。おかずの方には鯛の桜ずしが入っています。ご飯だけでもさまざまな美味しさに出会っていただけます。

豪華な食材も勿論ですが、一手間かかってもご飯の色数が多いということが、おもてなしになるという「見立て」。日常作り慣れたご飯料理の数々を大きさと量を考えながら盛り込んでいくことも、立派な見立てになるのです。

皐月　五月

「道具」の見立て

一の段——鳴門鯛・
　あおりいかの造り
二の段—五月和え胡麻よごし
　胡瓜・蓮根
　焼穴子
　鴨ロース　等

三の段—車海老　蛸
　夏野菜いろいろ
四の段—桜鯛ちまき寿司
　手毬寿司
　谷中俵御飯　香の物
吸物——一口油目　木の芽

水無月　六月

切るのも「寸法」

鰻どんぶり――粉山椒
木の芽

じゅんさいの向酢

皐月《さつき》　五月

「道具」の見立て

点心は中国から来た料理なのですが、小腹を満たす「むし養い」という意味があります。この言葉について他にないかと考えてみると、英国のサンドウィッチが少し似ているように思われます。これもそのままでは食事になってしまうので、少しだけ食べていただくためにアフタヌーンティー用のケーキスタンドが考えられたのだと思います。アフタヌーンティーはむし養いなのでほんの少し、でも淋しくならないようにとか、量もたっぷりに見えるようにとか、あのケーキスタンドの高さはなかなかよく考えられていますね。お皿がのっていますが、あの間の空間も食事のためにあるのです。小皿を広げて並べる贅沢もありますが、膳の上を小さくまとめて空間も一緒にお出しして、量を味わっていただく。実はこの高さも見立てなのです。

　おもてなしについては、洋の東西ともにさまざまに考えられてきたのだと思います。振り返って私どもでも、昔から縁高《ふちだか》や茶箱など、弁当や点心の容器がありますが、高さの空間まで考えているものはなかなかありません。

　よく考えてみて、ひとつ思い出しました。ひょうたんの形をしたひさご弁当です。江戸の頃の発案だと聞き及んでおりますが、日本料理は自然に寄り添うように作られている、ひさごの形をしたこのお弁当はなかなかのものだと思います。

　うてなのひねりはもとより、姿の自然さを、千筋と拭き漆で木地の欅《けやき》の木目を活かしています。自然と匠の技が織りなす見事な日本文化のおもてなしの形だと思います。西洋の銀の籠より思いが深いように思うのは、贔屓目《ひいきめ》なのでしょうか。

　中身は蓋がきくこともあり、乾くことがないので、一の段には鯛のお刺身をご馳走に入れました。二の段には五月和《あ》えの胡麻よごし、三の段には小さなお野菜の炊合せ、一番下の段には新生姜の谷中《やなか》ご飯と手毬寿司。極めつけは鯛を使ったちまき寿司で季節を感じていただけたらと思っております。吸物ははしりの油目椀、初夏の清々しい点心に仕上がりました。

水無月《みなづき》　六月

切るのも「寸法」

日本の点心の中で、一番お馴染みなのがどんぶりだと思います。ご飯の上に具を載せて仕上げる点心。それは「一味（品）多様」の最も簡単で小さなかたちになります。いろいろな丼の中で、この季節にぴったりの鰻《うなぎ》を具にしてみました。

鰻の焼き方は、日本の西と東では少しちがうことはご存じでしょうが、今回は普通の魚だと考えて、地焼にしてみました。鰻屋さんのようにたれでこってりとは焼かないで、しっかり白焼をして、焼き色を付けてから軽く醤油だれをかけ、穴子のように照り焼にします。つまり鰻屋の蒲焼ではなくて、鰻の照り焼なのです。これを小さく一口ずつの大きさに切って、器に盛り込みました。

この寸法に切ることで、茶席でも食べやすくなります。お向（向付《むこうづけ》）代わりに、御酒もすすむと思いますす。一品なので、鰻はたっぷり載せました。ひと切れずつお口に運んでいただくと、たっぷりと振った粉山椒の風味が味わえます。それに加えて別添えの木の芽をふりかけていただくと、生の山椒の葉と粉山椒、両方の風味でこれも口中に季節感が漂います。高台のしっかりした大振りの煮物椀に盛りつけると、どこか風格さえ漂いはじめます。

鰻に添えて、古いバカラに生じゅんさいのお向をお出ししました。ガラス越しにじゅんさいが透けて、鰻とともに季節感を作り出してくれます。向酢《むこうず》を柔らかくして、たっぷりと入れて持ち出すと、向付ですが冷たい小吸物《こずいもの》のような風情にもなります。山葵《わさび》の香りとじゅんさいの味わいが鰻のコクを程よく和らげてくれます。

少人数ならこんなお仕立てで、茶席のむし養いとしても、楽しいと思います。日本の身近などんぶりが、焼き方や切り様、あるいは盛り合わせる献立や道具によって、立派な点心に仕上がります。これも見立ての一つだと思います。

文月　七月

「とき」の配りかた

ご飯――塩むすび
　奈良漬

お向――笹巻き鯛寿司

主菜――鱧寿司

一口味噌汁――蜆の赤だし

葉月　八月

懐石は温石

そうめん——三輪そうめん
　　　　　半田そうめん
　　　　　白玉

つけ出汁二種——天白どんこ
　　　　　　　干し海老

具——車海老
　　錦糸玉子
　　蛇腹きゅうり

薬味——玉茗荷
　　　小口ねぎ
　　　生姜

文月《ふづき》　七月

「とき」の配りかた

点心を指して「おときを差し上げる」という言葉があります。「お斎《とき》」と「お時」、時と時の間、つまり「時間」ということを考えると、一度の茶のおもてなしの中で、どのくらい時間をお斎に割いていただけるかということを考えてみました。

懐石をお出しすると、料理のおもてなしに重きが移り、主人が客をもてなすための本来の茶や物語りの時間が少なくなってしまいがちです。その点、点心は取り合わせ次第で、食事の時間を短くすることができます。懐石をお出しすることができないような多人数の時にも重宝ですが、少ない人数の場合にも、お茶をゆったりと召し上がって、物語りを楽しんでいただくのに、役立つ方法だと思います。

ここでは、ご飯を種にした点心で懐石の一汁三菜《いちじゅうさんさい》を表現してみました。最も簡単で少ない一汁三菜になっています。小さな折り上げの日の出盆の上にご飯を三種類、小さな塩むすびと鯛の笹巻き寿司、この季節、美味しくなり始めた鱧《はも》寿司を集めて、ご馳走することを考えました。よく見ていただくとお分かりだと思いますが、汁物椀は本当に小さな千筋の小吸物椀です。形がゆったりとした真っ当な形をしているので、蜆の大きさと見比べていただくと、椀の小ささがよく分かっていただけると思います。

お盆の上の料理も同様で、鱧寿司を主菜に、笹巻き寿司をお向に、塩むすびをご飯に見立ててどれも本当に小さく作ってあります。口変わりの香物に、西瓜《すいか》の奈良漬（源五兵衛）を添えて持ち出します。ご飯を食べて、一口味噌汁を吸い上げて、短い時間で味わっていただく。その後の茶の時間の脇役に徹するというのも、点心の大きな役割の一つだと思われます。時間の配り方、それを考えるのも点心創造の大切な眼目だと思います。

葉月《はづき》　八月

懐石は温石

盛夏には、涼やかで簡単な点心を考えてみました。懐石は、禅宗寺院の食事の作法を、茶席に取り入れたものだと思われます。「温石《おんじゃく》」という言葉にみられる食事に向き合う心を表現するために、今回はお寺の食事を象徴する食器「応量器」を使いました。

その形から清潔さや威厳を感じていただき、席中の話が弾むことを考えると、夏の点心の道具としては、面白い見立てになると思います。

料理はそうめんにしました。夏の暑さに喉ごしの良い麺類はうってつけだと思います。一番大きい器には、氷水と一緒に冷たい極細の麺を、二番目には太めの麺を少しと白玉を盛りつけました。

さて、そうめんのつけ出汁《だし》ですが、精進をならって椎茸の出汁にしました。もう一つ、干し海老の美味しい出汁を加えました。

いろいろと薬味や具の工夫をしても、出汁が一種類だともてなしの豊かさが出にくいのです。そこで二種類の出汁にしました。また応量器の限られた器に盛り込むことや料理の手間を考えて、二つの出汁にはひと工夫凝らしています。椎茸は炊いた汁を少し薄めて具と出汁として三番目の器に一緒に盛りつけました。同様に四番目の器には、戻しすぎない干し海老と出汁を一緒に入れています。五番目の器に錦糸玉子と車海老と胡瓜を盛り込み、六番目の器には薬味の生姜と小口ねぎ、そして玉茗荷を添えました。

入子《いれこ》になっている道具に、一種類の料理で一会の食事を建立するという様子をご覧いただけたでしょうか。具と出汁を一緒に入れ器に食事を納め込むという考えと「応量器」がうまく収まったように思います。

長月　九月

道具も創造

勝ち栗と茸の
炊き込み御飯

菊柑煎込み――鯛のひと塩

吸物――小鱧の菊吸

神無月　十月

創造の行くて

松花堂弁当——造り　鯛　まぐろ　あおりいか
岩海苔　山葵　大根　出汁巻
才巻き海老　鰆幽庵焼　栗
上海蟹コロッケ　松茸時雨煮
銀杏　柿膾　蕪　炊合せ　海老芋
どんこ椎茸　日出人参　水菜
柚子　俵松茸ご飯　鉄火巻
むかごふくさ焼　大根・胡瓜浅漬
奈良漬　名残菊

吸物——蓮根真薯
舞茸
紅葉人参
水菜
柚子

長月《ながつき》　九月

道具も創造

九月の重陽《ちょうよう》の節句は、一年間にある五つの節句の中でも、菊節句といい換えるほど、菊と縁の深い節句です。そのため、掛物や食器の蒔絵などに、菊の花を写したものが断然多く見られます。旬や季節を報《しら》せるために、野や山のものを膳の上に運ぶことは、料理の大切な役割の一つです。あるいは食事をいただく部屋の中に床があり、そこに菊の花がいけてあるかもしれません。「見立て」とは、本来なにかをほかのものになぞらえる時に使う言葉だと思いますが、この月は菊を菊に見立てることが頻繁に行われるのです。

簡素に、しかし大胆に菊だけを見立ててみました。まず、大きなグレープフルーツを懸崖《けんがい》大玉の菊花になぞらえて切り抜きました。中身は新鮮な鯛にひと塩しただけのものを盛り込みます。鯛はあえて昆布締めにはいたしません。グレープフルーツは果肉をたっぷり残して刳り抜いてあるので、刺身をいただく時に周りの果肉や果汁をくずしながら、すだちを絞った向酢《むこうず》のように食べていただきます。

小吸物には食用の「もって菊」を浮かべ、真ん中に名《な》残《ご》りの小さな鱧《はも》を入れます。献立の味わいがあっさりとしているので、勝ち栗を炊き込んだ茸《きのこ》ご飯に香物を添えて点心に仕立てます。

果物を大輪の菊に見立て料理は美味しいものを少し、という趣向になりました。これは一見、果物を菊に見立てているだけのようですが、果肉や果汁を向酢として使い切って、材料を活かしてこその見立てだと言えます。趣向で野菜や果物などを器や見立てに使う時も、よく考えてみたいものです。

神無月《かんなづき》　十月

創造の行くて

秋は一年の中で食べ物が一番美味しい季節です。たっぷりと美味しい点心を作ってみました。そうすると器はやはり松花堂《しょうかどう》弁当です。

右上には新鮮な鯛とまぐろといかのお造り、左上には焼物やおかずをいろいろ。左下にお汁たっぷりの炊合せ、右下に松茸ご飯とおすしを一口。このように、冷たいものは冷たく、温かいものは温かくとそれぞれ分けて仕事ができて、炊合せのお汁もたっぷりと入れられます。本当によくできています。

松花堂弁当を初めて見た時には、ずいぶん驚きました。日本料理には、よくこうゆう素晴らしい道具があるものだと思いました。すっきりとした仕立てに、料理が別々に盛りつけられて、仕事もやりやすくなっています。大徳寺縁高《ふちだか》や重箱もよくできていますが、松花堂は大勢の料理の盛りつけや仕込みがやりやすく、特に重宝しました。

本格的に料理の勉強に入って、そこで初めて松花堂弁当は、松花堂昭乗が農家の種入れを煙草盆に見立てて、縁に鉄を打ちつけたものを、師匠の湯木貞一氏が日本料理のお弁当に見立てられたことを知りました。

自分の仕事に集中していくと自然にいろいろなものが目に入り、そして手の内で自在に見立てができるようになる。今、松花堂弁当は、日本中の料理店で大活躍をして、ニューヨークやパリでも、白いプレートになって名前も弁当ボックスなどといわれてもてはやされています。今では定番中の定番ともいえるこの器は、実は一人の料理人の見立てから始まったのです。

日常の中から、何気ないものに非日常を創り出すのが、創造力というものではないでしょうか。

霜月　十一月

不意から始まる創造

寿司——鉄火巻
鯛の棒寿司
巻寿司
生姜

鯛かぶら椀——鯛　蕪　柚子

鯛の刺身——鯛　山葵　きくらげ

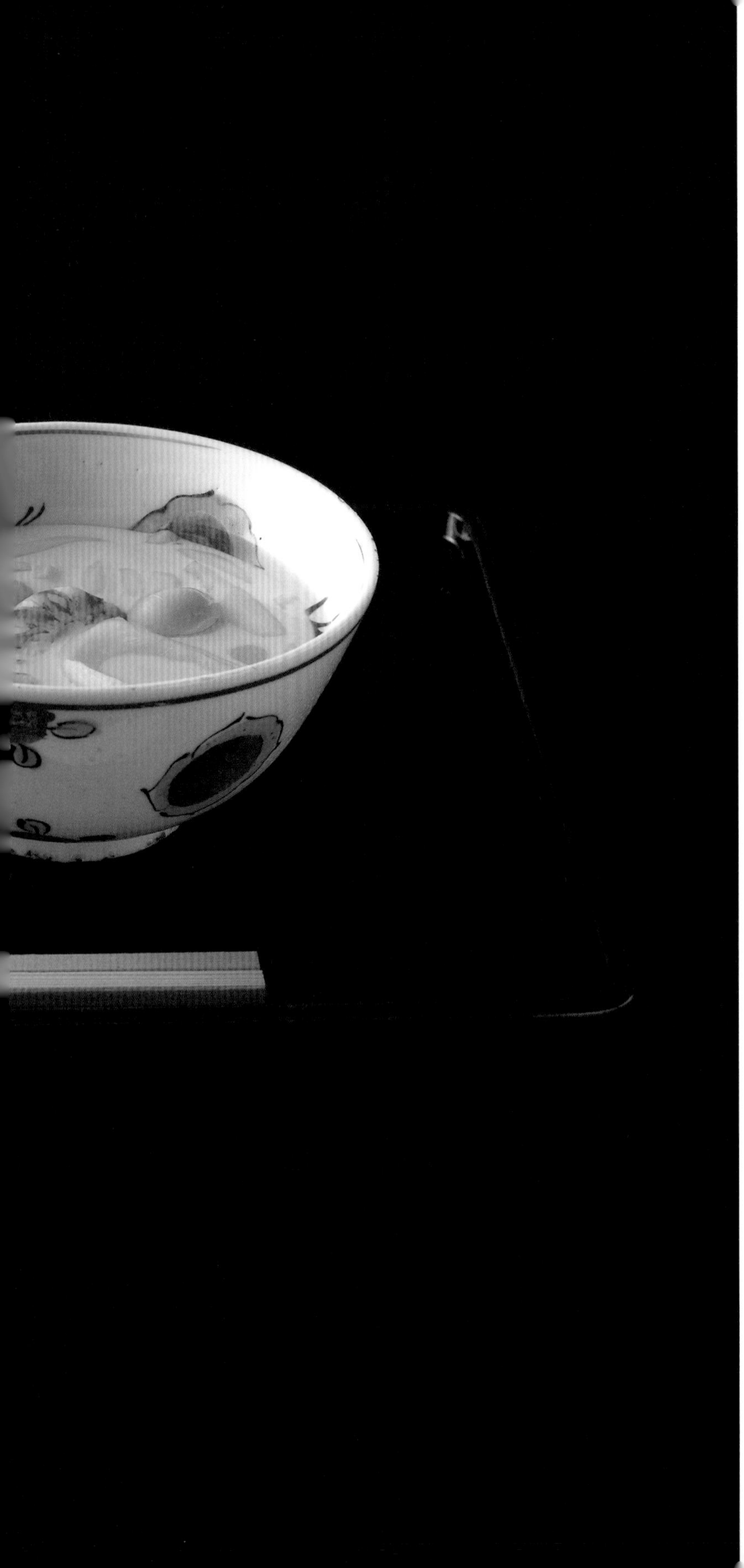

師走　十二月

温度もご馳走

風呂吹き大根―赤味噌
黄柚子

小田巻蒸し――うどん
百合根
海老
銀杏

霜月《しもつき》　十一月　不意から始まる創造

そもそも「おもてなし」を考えはじめると、いろいろなことに心配りをしなくてはなりません。

私たちも料理の献立を考える時に、いつもたくさんのことを考えて、あれもお出ししたい、これも食べていただきたいと思います。これは茶会の客組を考えたり、道具を揃えたり、懐石の献立を考えるのと同じで一番の楽しみでもあり、また難しいことでもあります。

これを解決するなかで一番大事なのは、実は時でありますす。夢の献立なら、いくらでも考えることができます。すべての幸福や、美味しさの何もかも、楽しさの可能性は無限です。しかし当日がきて時間がなくなると、自分で作り出すものしかないのが良い例です。

できること、作り出すものは、事に臨んだ時に決まります。そして不意の来客には、自分が作ったものでなくとも、美味しいお寿司の出前を取ったり、お持たせの手土産を持ち出したりすることが、実はおもてなしにもなるのです。

懐石でも、八寸の海山二種盛りがときたま三種になります。これはお客様の手土産で時を得たものがあると、一種加えて三種となるのです。よく考えた上での茶事でも、当日このようなことがあるのですから、不意の点心創造も、出前を取ったり、手土産のお寿司を盛り込んだりと言うことが、時を得たおもてなしになります。必ずしも亭主が作ることだけが、おもてなしではありません。

季節の紅葉鯛をお刺身にして、残ったアラを走りの鯛かぶらにして、料理はここまで。ご飯はいただいた美味しそうなお寿司をひと鉢に盛り込み、立派な点心になりました。不意は思いもよらないことですが、思いを持った時から当意になります。

師走《しわす》　十二月

温度もご馳走

少しずつ冷え込みが厳しくなってくると、温かい食べ物が恋しくなります。師走の月に合わせて、あたたかいおもてなしを作ってみました。冬の真中に向かい、五感であたたかさを感じさせるもてなしをと、心して点心の献立を考えました。

温かい料理と言っても、吸物から鍋物、煮物、揚げ物、蒸し物など、いろいろあります。また点心の場合、食事を取っていただく場所もいろいろと考えられます。お勝手から持ち出して配膳し、お客様が手に取って召し上がっていただいた後までも、あたたかさが体の中に残るもの。そう考えると、献立はそうそうなくて、私が思うには、風呂吹き大根に尽きると思います。名前からしてあたたかいし、根菜類の大根は、体の中に入って陽となり、体内をあたためます。じっくりと煮込んだ大根に、練り込んだ熱々の柚子味噌をかけ、ふうふうと吹きながらいただきます。しかし、このもてなしが真にご馳走と言えるのは、単に温かい料理ということだけではなく、実は忙中の客への心あたたまる心配りからなのです。

いよいよ年も終わりに近づき、大晦日までは行事も仕事も多く、お客様方もだんだんせわしなく心いそぐ時期になります。こんな時だからこそ、凝りすぎずいただきやすい温かい料理はいつもより格段にあたたかく感じられるのだと思います。

大根の風呂吹きの後、締めくくりにうどんを忍ばせた小田巻蒸しを召し上がっていただきます。大根の風呂吹きがお向で、小田巻蒸しが食事です。どちらも大変温かい料理ですので、お加減を見て、熱々を持ち出していただくと喜んでいただけると思います。

冷やしたものから熱々の風呂吹き大根までどこを切り取るか、季節や時期を考えて創り出す点心。この季節、暖かさは心をあたためる原点のように思われます。

ご飯を炊く

茶懐石をはじめていただくときに驚くのは、ご飯の美味しさです。

ご飯は蒸らしてから食べるというのが原則のようになっていますが、実は火を止めたばかりの蒸らしきれていない若蒸しご飯はどんな料理にもおとらない美味しさがあるのです。この状態でお客様にお出しする茶懐石は、自然のめぐみに感謝するところから始まるのです。

亭主が初めに「勝手を見繕って粗飯を差し上げます」と挨拶する通り、決して豪華な料理をお出しするわけではないのです。素材の持ち味のいちばんおいしいところ、その瞬間を召し上がっていただくのです。そのため、茶事の懐石を仰せつかったときには、時間差でご飯を炊き上げて、席中の進行が前後しても大丈夫なようにしておいて、美味しい瞬間の若蒸しご飯をお出ししています。亭主が道具組にこころを尽くすのと同様に、懐石も同様にこころを尽くします。

ポイント

1　お米はお米で研ぐ
2　最初のごはんは若蒸しで
3　一文字ご飯は美しく

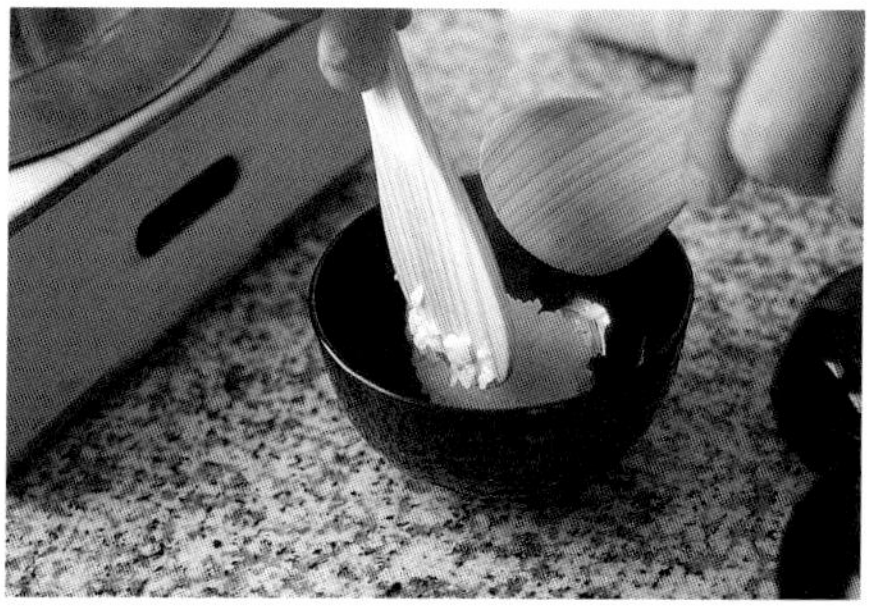

つくりかた

ご飯を炊く

1 最初は二度ほどぬかや汚れを流す程度に汚れた水を吸わせないよう、さっと洗って水を捨てる。

2 次に最初はやさしく、米に水がしみ込んできたら手のひらで押すように力を入れて研《と》ぐ。これを四～五度繰り返して、研ぎ音が澄み、研ぎ汁も澄んできたら研ぎ上がり。

3 研ぎ終わったらザルにあげ、流水にさらして20分ほど浸水させる。米が浸水して白くふっくらしたらザルからあげて炊き始める。

4 釜（羽釜・土鍋・鍋）に米を入れ、分量の水を入れて炊く。始めは弱火で3分ほど炊き、水温が上がってきたら中火にして18分炊く。吹き上がってきたら吹きこぼれないように火加減し、パチパチと音が聞こえ始めたら火を止め、蓋を開けてすぐに飯椀にご飯をつける。

一文字を切る

1 杓文字二枚は、水につけておく。すくった杓文字の手前側が一文字の稜線、釜肌側が椀底の曲線になるよう、もうひとつの杓文字で三角柱にととのえる。

2 湯をはって温めておいた飯椀に横一文字になるようご飯を入れる。

3 次客以下、同様に釜からご飯を切りだし人数分の飯椀に盛る。

＊ 向付を食べたあとは、飯器《はんき》に入れてご飯を出す。

一回目の飯器《はんき》は、客が取りやすいように一文字を重ねるように人数分を盛る。

二回目の飯器は、亭主相伴《しょうばん》前に出すため量を多めに一回目と同じく、一文字を重ねるようにご飯を盛る。

分量の目安（約四人分）

・米　3合（450g）

・水　750cc

汁

茶懐石の始めにご飯とともに出される汁。精進ものの具に味噌仕立ての汁をはってお出しします。冬は白味噌仕立てでまったりと、夏は赤味噌仕立てですっきりと、間の季節はこの割合をかえながら仕立てます。

汁の出汁は、味噌や具材の風味が生かされるよう風味が強すぎないものを使います。出汁が美味しすぎるとだめなのです。一般的には一番出汁を引いたあとの昆布と鰹節を使った二番出汁を用いますが、青柳では新しい昆布と鰹節を使って引いた「煮物出汁」を使います。

ポイント

1　昆布と鰹節の風味を出しすぎない
2　決して沸騰させない
3　アクはその都度丁寧に取る

つくりかた

1 鍋に水を入れて火にかけ、約30度で昆布を、約80度で鰹節を入れる。30度はぬるま湯くらい、80度は小さな泡が鍋底から離れて浮かぶくらいが目安。

2 沸騰させないように火を調整しながらアクが出てきたらその都度すくって取り除く。鰹節を入れて3分後に火を止める。少し薄いと感じるくらいがよい。

3 鰹節が鍋底に沈んだら、キッチンペーパーを敷いたザルにしずかにあける。残った鰹節は絞らない。そうすると雑味が出ない澄んだ出汁となる。

4 具材は下ごしらえして出汁で下味をつけて準備しておく。

5 鍋に出汁を取って火にかけ、味噌を溶き入れる。沸騰しないように気をつけながら泡たて器を使って味噌をよく溶く。

6 味をみて調え、漉し器で漉す。

7 湯をはって温めた椀に具材を入れ、具材に直接汁がかからないように静かに注いで溶き辛子などあしらいをかざる。

＊ 出汁を引くときも、味噌を入れて溶かすときも沸騰させないように気をつける。一椀目での汁は、二、三口分なのでここで汁は沸騰させず、汁替えの時に熱々の煮え花の汁でお出しするとよい。

煮物出汁の分量の目安（約三人分）
・水　1000cc
・昆布　3g
・鰹節　20g

茶懐石のつくりかた

寿ぎの懐石

〈献立〉

向付——柿なます
柿　大根
金時人参　柚子

焼物——真名鰹付焼

汁——合わせ味噌仕立
ごま豆腐　小豆
辛子

煮物——鶉進上　餅
車海老
紅葉人参　柚子
芽大根

強肴——鯛お造り

強肴——海鼠に霰このこ散らし

箸洗——松露

八寸——唐墨　銀杏　鴨ロース

香物——蕪ぬか漬　高菜漬
沢庵

つくりかた

向付　柿なます

1 柿は皮をむき、一口大に切っておく。大根と金時人参は皮をむいてせん切りにする。柚子の皮をへぎ、大根と人参にあわせてせん切りにして混ぜ合わせる。
2 練りごまに酢と醤油と砂糖をいれて混ぜ合わせる。
3 器に柿と、大根・金時人参・柚子のせん切りを盛りつけ、ごまの和えごろもを手前に置く。

汁　合わせ味噌仕立て　ごま豆腐

小豆　辛子

1 炒りごまをすり鉢で滑らかなペースト状になるまでよくする。ここに水をいれて全体をなじませたら、すり残しが混じらぬよう漉し器で漉して鍋に入れる。ここに水で溶いた本葛を漉し器で漉し入れてよく混ぜ合わせ、湯煎《ゆせん》にかける。静かに熱を加え、粘りが出て鍋底が見えるくらいに水分がなくなったら、流し型に入れて冷まして固める。

2 105頁の手順に従い、汁を仕立てる。

3 小さめの一口大（約3×2×2センチ）にしたごま豆腐を温めて椀に入れ、柔らかく炊き上げた小豆を二粒のせ、溶き辛子を添える。ここに白味噌と赤味噌で仕立てた合わせ味噌の汁をはる。

煮物　鶉進上　餅　車海老　紅葉人参

柚子　芽大根

1 昆布を約30度の水に20分ほどつけ、昆布を取り出して昆布出汁を温める。80度くらいになったら鰹節を入れ7秒数えて火を止める。ここでアクを取り除いておく。

2 鰹節が沈んだら鍋に鰹節が流れ込まないよう、漉し器でしずかに漉す。また鰹節を絞ると雑味が出るので気をつける。出汁を火にかけ沸騰させないよう淡口醤油と酒を入れて吸い地を調えておく。

3 鶉の開き身3枚は細かく叩いてすり鉢でする。皮なし鶏胸肉1枚も同様に叩いてすり、すり身の半量を出汁・濃口醤油・味醂を入れてそぼろにする。すり鉢に取りのそぼろ、残りの鶏胸肉のすり身、1／2個分の溶き卵、粉山椒を入れてすりまぜ、さらに鶉のすり身を入れてそぼろの出汁でのばす。鍋に出汁・濃口醤油・味醂・酒を入れ、五等分にした進上地を楕円形に整えて煮る。

4 塩少々を入れた水を沸かし、頭と背中の間から縦に竹串を打った海老を殻ごと茹で、殻が赤くなったら水に放つ。頭を背側に反らしながら背わたを抜き、尾を残して殻をむく。腹側から包丁を入れて開き、尾にあるトゲを切り、吸い地で温めておく。

5 人参はもみじ形に調え薄切りに、芽大根はゴミを洗い流して2のだし汁を取り分けて火を入れておく。餅は焼き目がつくくらいに香ばしく焼く。

6 温めておいた椀に鶉進上・海老・芽大根・餅を盛りつけ、吸い地をはって、松葉柚子をあしらう。

焼物　真名鰹幽庵焼　柚子砂糖漬

1 真名鰹は一切れ50gの切り身にし、醤油、味醂、酒、柚子の地につける。

2 柚子の皮は水と砂糖で煮て冷まし、蜜を切り、砂糖をまぶし乾かす。

3 真名鰹は漬け地からあげて串を打ち皮目からよく焼き、かえし身も焼き、漬け地をかけながら照り焼きにする。

強肴　鯛お造り（49頁参照）

1 鯛はさばいて三枚におろし、腹骨をすき取ってから背身と腹身に切り分け、間に残る中落骨を取り除く。それぞれ尾の方から皮をひき、切り身にする。

2 大根は丸くくり抜き、山葵はすりおろし、きくらげはもどしてそれぞれ盛りつける。

強肴　海鼠《なまこ》に霰このこ散らし

1 海鼠は、生きているものを選ぶ。両端の硬い部分を切り落とし、腹を割ってワタ（内臓）を取り除く。全体に塩を振り塩ずりする。流水で汚れを落とし、縦に2等分か3等分に切り食べやすい2~3ミリの厚さに切る。

2 合わせ酢をつくり、切った海鼠をつける。

3 器に海鼠を盛りつけ、アラレに切ったこのこを散らす。

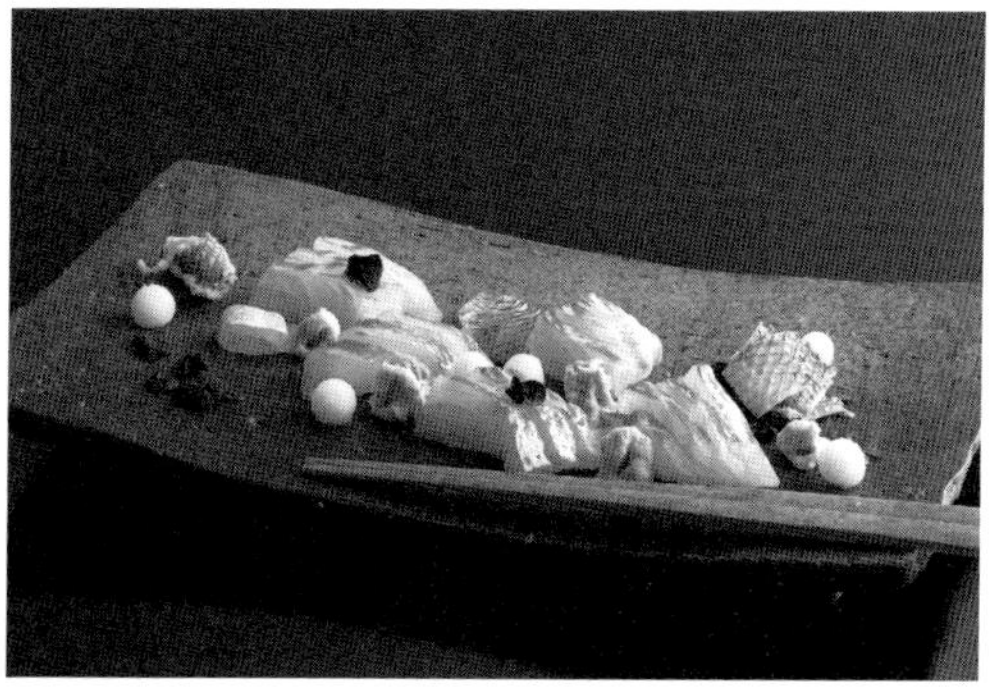

箸洗　松露

1 松露は、食塩水できれいに洗っておく。
2 吟味して選んだ水を沸かし、沸騰直前に昆布をくぐらせる。
3 1を椀に入れて、汁をはる。

八寸　唐墨　銀杏　鴨ロース

1 唐墨は、薄皮を丁寧にむいてから、約5ミリ幅に切る。
2 銀杏は、殻から取り出し、塩炒りして松葉に刺す。
3 鴨ロースは、軽く塩をして炙る。
4 海のもの（唐墨）を左手前に、山のもの（銀杏）を右奥に、鴨ロースをその手前にバランスよく盛りつける。

香物　蕪ぬか漬　高菜漬　沢庵

1 蕪のぬか漬は半分に切り、さらに三等分に切る。
2 高菜漬は、4センチほどの長さに切りそろえる。
3 沢庵は、四方を切り落として皮部分を除き、拍子切りにする。
4 三種を色合いや高さのバランスに注意しながら盛りつける。

茶懐石のつくりかた

名残の懐石

〈献立〉

向付――鯛昆布締め
　山葵　水前寺のり

汁――合わせ味噌仕立
　小芋　青菜
　辛子

煮物――鱧　松茸
　ほうれん草
　かぼす

焼物――甘鯛塩焼

強肴――きのこの荏胡麻油和え

強肴――松茸と菊菜の志多し

箸洗――松の実

八寸――鱚の風干し　むかご

香物――胡瓜ぬか漬
　酢茗荷　沢庵

つくりかた

向付　鯛昆布締め　山葵　水前寺のり

1　鯛はさばいて三枚におろし、腹骨をすき取ってから背身と腹身に切り分け、間に残る中落骨を取り除く。尾の方から皮をひく（49頁参照）。

2　身の厚い部分に塩をし、両面全体にも塩を振ってから霧吹きなどを使って酒で戻した昆布ではさむ。締める時間は好みで。急ぐときは重しをするとよい。

3 煮切り酒に濃口醤油と淡口醤油を加えて、そのままでも飲めるくらいの塩気に調える。ここに酸味となる柑橘類を加え、加減酢をつくる。

4 2をへぎ造りにして向付に盛りつけて加減酢をかけ、すりおろした山葵と水前寺のりをあしらう。

汁　合わせ味噌仕立　小芋　青菜　辛子

1 小芋は厚めに皮をむき、六方にかたちを整える。米の研ぎ汁ですっと串が通るくらいまで茹で、水でさらしてから出し汁で温める程度に火をいれておく。

2 105頁の手順に従い、汁を仕立てる。

3 温めておいた椀に小芋を入れ、さっと茹でた青菜をあしらい、溶き辛子を落とす。ここに白味噌と赤味噌で仕立てた合わせ味噌の汁をはる。

煮物　鱧《はも》　松茸　ほうれん草　かぼす

1 昆布を約30度の水に20分ほどつけ、昆布を取り出して昆布出汁を温める。80度くらいになったら鰹節を入れ7秒数えて火を止める。ここでアクを取り除いておく。

2 鰹節が沈んだら鍋に鰹節が流れ込まないよう、漉し器でしずかに漉す。また鰹節を絞ると雑味が出るので気をつける。出汁を火にかけ沸騰させないよう塩・淡口醤油・酒を入れて吸い地を調えておく。鱧は旨みが淡白なので、醤油を控えた味付けにする。

3 骨切りした鱧はほどよい大きさの切り身にし、葛粉をまぶして余分な粉はおとし、沸騰直前の下湯に皮側から落とす。丸まったらすぐに穴杓子で取り出し、別鍋の湯（清湯）にうつす。

4 松茸とほうれん草は、盛りつけやすい食べやすい寸法に切り、2のだし汁を取り分けたもので火を入れておく。

5 温めておいた椀に湯をよく切った鱧、松茸・ほうれん草を盛りつけ、吸い地をはって、色づいたかぼすをあしらう。

焼物　甘鯛塩焼

1　甘鯛は、一切れ60gほどの切り身にする。身がくっつかないように串を水でぬらし、串を刺す。ポイントは三つ。①一部分だけ皮に指す、②皮の切れめには刺さない、③刺した串の先は同じ長さにすること。串をしたら塩を全体に振り、皮目から焼き始め、身が白くなるまで焼く。皮目6、身3、余熱1の割合で焼くとよい。

強肴　きのこの荏胡麻油和え

1　きのこ各種は汚れを取り、食べやすい大きさにしてさっと薄味の出汁地で炊いておく。汁気をきって荏胡麻油で和え、器に盛りつけて山葵をあしらう。

強肴　松茸と菊菜の志多し

1　松茸は食べやすい大きさにして、菊菜はそのまま茹でて八方地につけておく。菊菜を松茸とあわせて切って両方を混ぜて盛りつける。

箸洗　松の実

1　松の実は、少し焦げ目がつくまでから炒りする。
2　吟味して選んだ水を沸かし、沸騰直前に昆布をくぐらせる。

3　1を椀に入れて、汁をはる。

八寸　鱚《きす》の風干し　むかご

1　鱚は、鱗を取って頭を落として腹の中を洗ってから三枚におろし、骨抜きで小骨を抜いたら濃いめの塩水に20分ほど漬ける。軽く水分を取り除き、尾の方に串をして風通しのよい場所で一晩干す。皮目から香ばしく焼く。

2　むかごは、皮付きのまま洗い片方を切り落として蒸し、熱いうちに塩をする。

3　海のもの（鱚の風干し）、山のもの（むかご）を塗の八寸に盛りつける。

＊　名残の季節は木地の八寸ではなく、塗の八寸を使うことがあります。蒔絵が施されている八寸のため、はたらきで盛りつける位置がずれていきます。

香物　胡瓜ぬか漬　酢茗荷　沢庵

1　胡瓜のぬか漬は斜め切りにする。酢茗荷は茗荷の子の酢漬け。一枚ずつ剥がしておく。沢庵は、四方を切り落として皮をのぞき、拍子切りにする。

2　1を彩りよく盛りつける。

夢のフランス懐石

〈献立〉

向付――平目のミルフィーユ
　　鴨頭ねぎ　割りポン酢

汁――合わせ味噌仕立
　　セップ茸
　　辛子

煮物――オマール海老ビスク
　　バケット　餅
　　柚子　大根葉

焼物――マグレ・ド・カナールと
　　フォアグラの蒸煮

強肴――ブッフ・ブルギニオン

強肴――トリュフノワール
　　クレソンとルッコラの志多し

箸洗――ランティーユ（レンズ豆）

八寸――キャビア・バケット
　　オマール海老のコライユ伊達焼
　　フランス茸のごま和え

香物――ピクルス各種
　　ぬか漬各種
　　沢庵　源五兵衛

つくりかた

向付　平目のミルフィーユ　鴨頭ねぎ　割りポン酢

1 平目はへぎ造りに切り、うす塩をして昆布ではさんで昆布締めにする。

2 肝は下茹でをして薄切りにする。

3 平目と肝を重ねてミルフィーユに盛り、鴨頭ネギを添え割ポン酢をかける。

汁　合わせ味噌仕立　セップ茸　溶き辛子

1　105頁の手順に従い、白味噌と少量の赤味噌で汁を仕立てる。

2　セップ茸は一口大に切りわけ、八方地で煮る。

3　器にセップを盛り、溶き辛子を落として汁をはる。

煮物　オマール海老ビスク　バケット　餅　柚子　大根葉

1　オマールエビは頭と身に分け、頭は半分に割り昆布出汁と酒で煮て、アクをとりながら出汁を取る。

2　身は湯がき、一口大に切る。バケットと餅は焼く。

3　椀に、バゲット・オマール・餅・湯がいた大根葉・へぎ柚子を盛り、1の出汁を塩・薄口醤油で味を調えてはる。

焼物　マグレ・カナールとフォアグラの蒸煮

1　マグレ・ド・カナールは皮目を色づくほどに焼き、味醂・酒・醤油の漬け出汁で蒸煮にする。

2　フォアグラは血管と皮を取り、漬け出汁につけテリーヌ型に詰めて蒸焼にする。

3　ソースは鴨を蒸した漬け地を煮てアルコールを飛ばし、煮詰める。

4　マグレ・ド・カナールとフォアグラを盛りつけ、水玉大根

を散らしてソースをかけ、黒コショウをふる。

強肴　ブッフ・ブルギニオン

1　牛肉は一口大に切り、バターで炒めて赤ワインとシャトーむきにした金時人参を入れて煮る。

2　ベーコンは棒に切って油とバターで炒め、マッシュルームも一緒に炒める。

3　ペコロスは水・グラニュー糖・バターで煮る。

4　1に塩とコショウで味をつけ、2と3を合わせて盛りつける。

強肴　トリュフノワール　クレソンとルッコラの志多し

1　トリュフノワールはブラッシングをして汚れを取り、スライスする。

2　鍋に出汁を入れて塩と淡口醤油で味をつけて沸騰させ、切ったクレソンとルッコラを入れてさっと煮る。氷水をボールに入れ、水切りしたクレソンとルッコラを入れて急冷する。

3　2の汁を切って盛りつけ、トリュフノワールを添える。

箸洗　ランティーユ(レンズ豆)

1　ランティーユは下茹でをし、昆布出汁をはる。

八寸　フランス茸のごま和え　キャビア・バゲット
オマール海老のコライユ伊達焼

1　フランス産の茸(トランペット・ド・ラ・モール、ジロール、セップ)を出汁で煮る。
2　ごまをすり、醤油・砂糖で味をつけ1を入れて和える。
3　バゲットの両面を焼き、フランス産キャビアバターを塗ってキャビアをのせる。
4　オマール海老をすり、出汁・調味料で味をつけて鍋に流し、コライユを表面に散らして焼く。

香物　ピクルス各種　ぬか漬各種　沢庵　源五兵衛

1　ラディッシュとカリフラワーは甘酢で炊き、冷やす。
2　セロリラブは皮をむいて塩ずりをしてから、芽キャベツは下茹でしてからぬかに漬ける。小蕪・人参はそのままぬかにつける。盛りつける前に食べやすい大きさに切る。
3　沢庵と源五兵衛(西瓜《すいか》の奈良漬け)を切って盛る。

近影（古稀70歳）

小山裕久（こやまひろひさ）

1949年、徳島県に生まれる。大阪の「吉兆」湯木貞一に師事し、茶の湯を裏千家業躰・濱本宗俊に学ぶ。生家である料亭「青柳」の三代目主人となり、東京にも出店。伝統的な日本料理を、懐石料理を基に作り出している。

三十年に亘り海外において日本料理普及を行い、NPO法人日本料理文化交流協会を成立し、特にフランスではパリ商工会議所・フェランディ校の戦略委員を務めるなど日本料理の国際交流に尽力している。その功績が認められ、フランス共和国より日本料理人として初めて農事功労章オフィシエを授章。また、農林水産省日本食普及の親善大使を務め、東京大学日本料理グローバル研究連携ユニットでは委員として日本料理の体系化、言語化に力を注ぐ。

主な著書に『味の風』『鯛の鯛』『恋する料理人』『古今料理集』『日本料理神髄』『サヴール・デュ・ジャポン』『鯛の本』など。海外においても出版・翻訳出版をされている。

日本料理　東京青柳

アートディレクション――おおうちおさむ
デザイン――有村菜月

水屋でみる夢　料理人の茶懐石

2020年4月13日　初版発行

著者――小山裕久
発行者――納屋嘉人
発行所――株式会社淡交社
本社――〒603-8588
京都市北区堀川通鞍馬口上ル
電話――営業　075（432）5151
編集　075（432）5161
支社――〒162-0061
東京都新宿区市谷柳町39-1
電話――営業　03（5269）7941
編集　03（5269）1691
www.tankosha.co.jp

印刷・製本――図書印刷株式会社

ISBN978-4-473-04397-9